BEI GRIN MACHT SICH I... WISSEN BEZAHLT

- Wir veröffentlichen Ihre Hausarbeit,
  Bachelor- und Masterarbeit

- Ihr eigenes eBook und Buch -
  weltweit in allen wichtigen Shops

- Verdienen Sie an jedem Verkauf

Jetzt bei www.GRIN.com hochladen
und kostenlos publizieren

Wolfgang Bergler

Workflow-Management und Anwendungen in der Praxis

GRIN Verlag

Bibliografische Information der Deutschen Nationalbibliothek:

Die Deutsche Bibliothek verzeichnet diese Publikation in der Deutschen National-
bibliografie; detaillierte bibliografische Daten sind im Internet über http://dnb.d-
nb.de/ abrufbar.

Impressum:

Copyright © 2006 GRIN Verlag GmbH
Druck und Bindung: Books on Demand GmbH, Norderstedt Germany
ISBN: 978-3-638-80656-5

Dieses Buch bei GRIN:

http://www.grin.com/de/e-book/50890/workflow-management-und-anwendungen-
in-der-praxis

GRIN - Your knowledge has value

Der GRIN Verlag publiziert seit 1998 wissenschaftliche Arbeiten von Studenten, Hochschullehrern und anderen Akademikern als eBook und gedrucktes Buch. Die Verlagswebsite www.grin.com ist die ideale Plattform zur Veröffentlichung von Hausarbeiten, Abschlussarbeiten, wissenschaftlichen Aufsätzen, Dissertationen und Fachbüchern.

Besuchen Sie uns im Internet:

http://www.grin.com/

http://www.facebook.com/grincom

http://www.twitter.com/grin_com

Universität Regensburg

Lehrstuhl für Wirtschaftsinformatik III, insbesondere Business Engineering

Seminar WS 2005/06

Workflow Management und Anwendungen in der Praxis

Regensburg, im Dezember 2005/Januar 2006

Inhaltsverzeichnis

I

Abbildungsverzeichnis

Tabellenverzeichnis

Abkürzungsverzeichnis

Dr.   Doktor

DV   Datenverarbeitung

evtl.   eventuell

ggf.   gegebenenfalls

ODBC   Oracle Data Base Connector

PPS   Produktion Planung und Steuerung

Prof.   Professor/in

S.   Seite

URL   Uniform Resource Locator

vgl.   vergleiche

WS   Wintersemester

z. B.   zum Beispiel

1. Einleitung

Workflow Management hat längst den Sprung von der rein wissenschaftlichen Betrachtung in die kommerzielle Praxis geschafft. Seit den 90er Jahren hat sich die Nachfrage des Marktes nach integrierter Softwareentwicklung und integrierten Softwaresystemen stark erhöht. Beiden Anforderungen kann Workflow Management gerecht werden und kann somit profitieren [Jablonski et alter, 1997, S.5].

Als ein Thema der Wirtschaftsinformatik beinhaltet Workflow Management im Besonderen Themen des Business Engineerings, da Geschäftsprozessmodellierung, Prozessoptimierung und Business Process Reengineering eine große Rolle bei der Entwicklung neuer Workflow Systeme spielen. Dies resultiert daraus, dass der Einführung eines Workflow Systems eine Analyse der vorhandenen Prozessen vorausgeht.

Ziel dieser Arbeit ist es zunächst im zweiten Kapitel den Begriff des Workflow Managements dem Leser näher zu bringen. Dabei wird aufgezeigt, dass es noch keine einheitliche Begriffswelt im Umfeld des Workflow Managements gibt. Im dritten Kapitel wird auf Aufgaben und Verbesserungspotenziale durch Workflow Managment eingegangen. Auf die Modellierung von Workflows und die Überführung von Arbeitsabläufen in Workflows wird im Kapitel 4 der vorliegenden Arbeit Bezug genommen. Zur Abrundung wird als Praxisbeispiel die Einführung einer Workflow Management Anwendung am Beispiel des Bestellanforderungsprozesses aufgezeigt. Staffware als Workflow Management Software soll am Ende der Arbeit als ein in der Praxis verwendetes System beschrieben werden, um einen Eindruck der Mächtigkeit von Standardsoftware in diesem Bereich zu erhalten.

2. Der Begriff Workflow Management

Die Workflow Management Coalition ist eine non-profit Organisation mit dem Ziel durch die Entwicklung von Standards und einer allgemeinen Fachsprache die Potenziale des Workflow Konzepts voll auszunutzen. Man kann davon ausgehen, dass auch zukünftig die Workflow Management Coalition federführend auf diesem Gebiet sein wird, da sich in dieser internationalen Institution Anbieter, Kunden und Forschungseinrichtungen wiederfinden.

An dieser Stelle sei auf das Referenzmodell der Workflow Management Coalition in Abbildung 1 verwiesen, das als Grundlage für Funktionen und Schnittstellen von Workflow Systemen dienen soll.

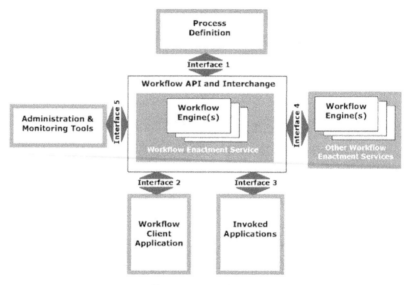

Abbildung 1: Workflow Referenz Modell
(Quelle:[Workflow Management Coalition, http://www.wfmc.org/standards/model2.htm, Zugriff am 30.12.2005])

Erläuterung der Grafik:

Interface 1: Process Definition Tools; Definition einer standardisierten Schnittstelle zwischen Prozessdefinierung, Modellierungswerkzeugen und der Workflow Engines.

Interface 2: Workflow Client Application; Definition des Application Programming Interfaces für Clients, um Services der Workflow Engine anzufordern, welche die Kontrolle der Fortschritte, der Aktivitäten und Einzelaufgaben ermöglichen.

2

Interface 3: Invoked Application; eine Standardschnittstellendefinition von Application Programing Interfaces, um der Workflow Engine das Starten von verschiedenen Anwendungen durch allgemeine Agent Software zu ermöglichen.

Interface 4: Workflow Interoperability; Definition von Workflow Interoperabilitätsmodellen und zugehörigen Standards, um die Zusammenarbeit zu unterstützen.

Interface 5: Administration & Monitoring Tools; Definition von Monitoring und Kontollfunktionen.

[sinngemäße Übersetzung von Workflow Management Coalition, http://www.wfmc.org/standards/model.htm, Zugriff am 30.12.2005]

Durch die Workflow Management Coalition werden die Begriffe Workflow und Workflow Management synonym verwendet.

„The automation of a business process, in whole or part, during which documents, information or tasks are passed from one participant to another for action, according to a set of procedural rules." [Workflow Management Coalition, 1999, S. 8]

Im Gegensatz dazu verwenden Jablonski et alter unterschiedliche Definitionen für die Begriffe Workflow und Workflow Management.

Workflow

„Ein Workflow ist eine zum Teil automatisierte (algorithmische) – von einem Workflow-Management-System gesteuert – ablaufende Gesamtheit von Aktivitäten, die sich auf Teile eines Geschäftsprozesses oder andere organisationelle Vorgänge beziehen. Ein Workflow besteht aus Abschnitten (Subworkflows), die weiter zerlegt werden können. Er hat einen definierten Anfang, einen organisierten Ablauf und ein definiertes Ende. Ein Workflow-Management-System steuert die Ausführung eines Workflows. Workflows sind überwiegend als ergonomische (mit Menschen als Aufgabenträgern) und nicht als

3

technische (z.B. Einsatz von Maschinen) Prozesse zu sehen." [Jablonski et alter, 1997, S.490][1]

Workflow-Management

„Management umfasst nach allgemeiner Auffassung Handlungen wie Organisieren, Planen, Entscheiden, Kontrollieren, Steuern und Führen. Die Ausübung dieser Handlungen im Zusammenhang mit Arbeitsvorgängen wird beim Einsatz eines Workflow-Management-Systems „Workflow Management" genannt. Dabei ist die Frage, inwieweit Handlungen wie Organisieren, Planen, Entscheiden, Kontrollieren, Steuern oder Führen durch ein (technisches) System ausgeübt oder unterstützt werden können, durch den Entwicklungsaufwand Workflow-Management-Systemen und Workflow-Management-anwendungen bestimmt." [Jablonski et alter, 1997, S.491][2]

Heilmann stellt dagegen den Begriff des Workflows mit dem des Geschäftprozesses gleich. [Brahm/Pargmann, 2003, S.3] Somit wird Workflow Management als Kombination von Modellierung, Analyse und Simulation, Steuerung und Protokollierung beliebiger Geschäftsprozesse verschiedenen Detailierungsgrads gesehen. [HMD, 1994, S.8-21]

Die verschiedenen Definitionen und Anschauungen lassen darauf schließen, dass es noch kein einheitliches Konzept zum Umgang mit dem Thema Workflow gibt. Diese Tatsache erschwert den Einstieg in diese Thematik verglichen mit Themen wie das Datenbank Management System, das fundamental durch das Konzept der relationalen Datenbanken und das Entity Relationship Modell geprägt ist. Trotz der Komplexität des Themas entdecken Unternehmen die Chancen durch Workflow Management, wie im nächsten Kapitel dargelegt wird.

3. Motivation für Workflow Management Systeme

Der wachsende Druck auf Unternehmen – nicht zuletzt durch die zunehmende Globalisierung der Wirtschaft – verstärkt das Verlangen nach Lösungen Arbeitsabläufe innerhalb der eigenen Organisation zu optimieren. Unterstützt werden kann dies durch

---

[1] im Original zum Teil kursiv gedruckt
[2] im Orginal zum Teil kursiv gedruckt

4

Informationstechnologien wie verteilter Systeme, Internet, elektronische Verwaltung von Dokumenten und elektronischer Geschäftsverkehr. Bei einer reiner Neugestaltung der Prozesse, als Beispiele soll hier die Kundenorientierung, Total Quality Management oder ständige Verbesserung und Wandel dienen, dürfen nicht die Interaktionen und Interdependenzen der Prozesse innerhalb der gesamten Wertschöpfungskette vergessen werden. Workflow Management Systeme leisten an dieser Stelle einen großen Beitrag den informationsintensiven Arbeitsalltag zu bewältigen. [vergleiche Müller/Stolp, 1999, S.2]

„Elektronisch gestützte und geführte Arbeitspläne und –abläufe auch für die **nicht** produzierenden Unternehmensbereiche schaffen den Schub, die Produktivitätsreserven in eben diesen Bereichen zu mobilisieren." [Müller/Stolp, 1999, S.1-2]

3.1   Einsatzgebiete von Workflow Management Systemen

In einem Unternehmen liegen eine Vielzahl von Prozessen vor. Eine mögliche Klassifizierung der Prozesse wäre eine Einteilung in Prozesse, die lediglich organisatorische Abläufe beinhalten auf der einen Seite und Prozesse, die physische Elemente, sowie Transport und Lagerung beinhalten auf der anderen Seite. [vgl. Lehmann, 1999, S.39].

Wichtiger als die oben angesprochene Einteilung scheint jedoch die Eignung von Prozessen bezüglich ihrer Unterstützbarkeit durch Workflow Management. Da in der Regel der Aufwand für die Umsetzung eines Workflow Managements relativ hoch ist, darf das Kosten/Nutzen Verhältnis nicht vernachlässigt werden. Es ist eine kritische Masse an Wiederholungen der Prozesse erforderlich, um einen positiven Effekt für das Unternehmen auf Kostenseite zu erzielen. Vor allem die Ausstattung von einmaligen Projekten mit Workflow Systemen wird nur dann sinnvoll sein, wenn Teilprozesse daraus in ähnlicher Weise wieder verwendet werden können. Um einen Prozess mit Workflow Management schneller und sicherer zu machen, muss der Prozess weitestgehend regelbasiert ablaufen, um eine Modellierung und Definition zu ermöglichen. Ein Prozess der keine Personen einbezieht benötigt kein Workflow Management, da dieser Straight-Thru-Prozess nach dem Start bis zum Ende automatisch abläuft. Ausnahme bleiben kritische selbstablaufende Prozesse dann, wenn diese auf einen Fehler laufen und ein Dialog mit Statusinformationen für den Benutzer starten soll, so kann dies mit Hilfe eines Workflow Management im Hintergrund realisiert werden. Das Potenzial von Workflow Management liegt darin Prozesse zu unterstützen und zu führen an denen mehrere Arbeitsplätze beteiligt sind. Wenn Prozesse koordiniert werden müssen, sei es in Abhängigkeit von Bedingungen einer zeitlichen Abfolge oder eine Fälligkeitsüberwachung der Einzelschritte, so kann dies mit Workflow Management bewerkstelligt werden. Prozesse, welche eine erhöhte Transparenz und Sicherheit aufzeigen müssen, da es sich um Auskunftssysteme für Kunden oder um normenbestimmte Qualitätsanforderungen handelt, können optimal mit einem Workflow Management unterlegt werden. [vgl. Brahm/Pargmann, 2003, S.11]

3.2   Ziele des Workflow Management Systems

Um die Ziele des Workflow Managements herauszuarbeiten, kann man sich vorab die omnipräsenten Probleme einer Organisation vor Augen führen. Medienbrüche, DV-Inseln sowie mangelnde Transparenz und Sicherheit beeinträchtigen Kosten-, Zeit- und Ressourcenmanagement in negativer Form. Hier ergeben sich im administrativen Bereich eines Unternehmens ähnlich große Potenziale, welche in vielen Fertigungsbereichen bereits erfolgreich ausgenutzt werden. Die Durchlaufzeiten zu verkürzen ist eine sehr effektive Maßnahme um die Effizienz eines Prozesses zu steigern. Hier kann ein Workflow Management System bei der Reduzierung von Transportzeiten, Liegezeiten, Identifikation von parallel durchführbarer Abläufe und der Terminkontrolle einen großen Beitrag leisten. Daraus ergibt sich eine gesteigerte Produktivität, da freie Ressourcen (Personal und Hardware) erkannt werden und eingesetzt werden können, was sich in einem Rationalisierungpotenzial und Reduzierung der Overhead-Kosten niederschlägt. Workflow Management Systeme ermöglichen des Weiteren Abläufe transparent und dadurch besser kontrollierbar, sowie sicherer zu machen. Die erhöhte Prozesskontrolle dient auch der Kundenzufriedenheit, da man jederzeit auskunftsbereit über den Stand des Prozesses ist und sich dem Kunden gegenüber als eine „alles aus einer Hand"-Organisation präsentieren kann. Aber auch die Mitarbeiter sind Nutznießer solcher Systeme. Hier sorgen die Entlastung bei Routinetätigkeiten, gleichmäßige Auslastung und einheitliche Benutzeroberflächen für mehr Motivation, was sich wiederum positiv auf die

6

Gesamtorganisation auswirkt. Wie man Workflows aus Prozessen ableiten kann und in Workflow Systemen umsetzen kann soll in Kapitel 4 schemenhaft gezeigt werden.

4. Ableitungen von Workflows und deren Umsetzung

In Workflows vereinigen sich Prozesse, Prozesselemente und Prozessschritte in einer verschachtelten Struktur. So entstehen elementare und komplexe Workflows. Letztere bestehen iterativ wiederum aus Workflows. [vgl. Jablonski, 1995, S.16]

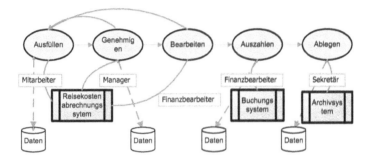

Abbildung 2: Reisekostenabrechnung
(Quelle: [vgl. Jablonski, 1995, S.16])

In dem Beispiel in Abbildung 2 besteht der Workflow Reisekostenabrechnung aus fünf untergeordneten Workflows (Ausfüllen, Genehmigen, ...). Der Workflow Reisekostenabrechnung beinhaltet Akteure, die verschiedene Aktivitäten in einer bestimmen Reihenfolge durchführen. Die Integration von Softwareprodukten zeigt den Middlewarecharakter, dem ein Workflow Management System zu Grunde liegt. Konkret heißt das, dass die Akteure mit Hilfe des Workflow Management Systems im Hintergrund andere Anwendungssysteme bedienen ohne über diese genauere Kenntnis zu besitzen. Daten, die bei der Ausführung von Aktivitäten erzeugt oder benötigt werden, verwaltet das Workflow System selbstständig und gewährleistet die Bereitstellung und Archivierung. In dem Praxisbeispiel des nächsten Kapitels wird ein Workflow näher beschrieben und Staffware als Standardsoftware im Workflow Bereich beschrieben, dass sowohl den Reisekostenabrechnungsworkflow in Kapitel 4 als auch den Bedarfsanforderungsprozess in Kapitel 5 umsetzen könnte.

5. Praxisbeispiele

5.1 Workflow für Bedarfsanforderungen

Bei diesem Beispiel geht es in erster Linie um Bedarfsanforderungen des Mitarbeiters im Tagesgeschäft, wie Schreibtischutensilien, Bürostuhl, Desktop PC oder Drucker. Hier gibt es bei vielen Unternehmen viel Potenzial zur Verbesserung, da nicht selten für eine solch einfache Anforderung mehrere Formulare genutzt werden. Im Gegensatz dazu gibt es im Fertigungsbereich bereits intelligente Verfahren, die in PPS Systemen umgesetzt sind zur automatischen Bestellanforderung für Material.

5.1.1 Nutzen

Da oft 70% der Bearbeitungszeit im administrativen Bereich auf Transport- und Liegezeit angerechnet werden kann, ist die Beschleunigung der Durchlaufzeit ein wichtiger Nutzen, der sich aus der Einführung eines Workflow Systems ergibt. Als weiterer Nutzen ist die Prozesssicherheit zu nennen. Dadurch, dass der Workflow vom System geführt wird und alle Genehmigungsstufen der Bedarfsanforderung im System hinterlegt sind ist sichergestellt, dass der Vorgang immer in der richtigen Reihenfolge durchlaufen wird. Durch Berücksichtigung der Hierarchieebenen im Genehmigungsverfahren entspricht der Ablauf der Anforderung im Grunde der vorhandenen Arbeitsweise in der Abeilung. Weitere Prozesssicherheit kann durch eine zentrale Erfassung von Bestellanforderungen, möglicherweise im Sekretariat, erreicht werden, da eine gewisse Routine für den Bearbeiter entsteht. Es besteht aber auch die Möglichkeit die Eingabemaske jedem Mitarbeiter zur Verfügung zu stellen, was den Kommunikationsaufwand verringert, da ein Mitarbeiter jederzeit selbstständig einen Dialog für die Eingabe einer Bedarfsanforderung starten kann. Sieht man einen einfachen Vorgang, wie die Bedarfsanforderung als Piloten, so erhöht dies die Akzeptanz zukünftiger Workflow Projekte, da die Mitarbeiter bereits erste gute Erfahrungen im Umfeld des Workflow Managements gemacht haben. Durch die im Workflow integrierten Funktionen, wie „Rückfragen" oder „Anmerkungen", können betroffene Workflow Teilnehmer schnell miteinander in Kontakt treten und Unklarheiten beseitigen. Die ständige Bereitschaft zur Auskunft über den aktuellen Bearbeitungsstand und noch zu durchlaufende Stationen erhöht die Transparenz des Prozesses Bedarfsanforderung in hohem Maße. Zudem kann durch eine Termininerungsfunktion an fällige Workitems erinnert werden. Durch Einführung des Workflows entsteht ein einheitlicher Prozess, der die Stelle des Bedarfs, die Genehmigungsstufen, den Einkauf und schließlich auch die Logistik (Wareneingang) und das Rechnungswesen eines Unternehmens enthält. Sollten später Änderungen am Prozess notwendig werden, so kann flexibel auf diese reagiert werden, da Prozesse in den verschiedenen Abteilungen nicht getrennt betrachtet werden müssen. Hat man den ersten workflowfähigen Prozess umgesetzt, so kann dieser schnell auf andere Prozesse umgesetzt werden. [vgl. Müller/Stolp, 1999, S.198-199]

5.1.2 Ablauf des Workflows Bestellanforderung

Ein Mitarbeiter startet den Dialog Bestellanforderung im Workflow System. Die erforderlichen Felder des Formulars werden ausgefüllt. Bei den Formularfeldern kann es sich um MUSS-Felder und KANN-Felder handeln. Der Unterschied besteht darin, dass MUSS-Felder die wichtigsten Informationen zu einer Bestellanforderung beinhalten. Darunter fällt der Name des Antragstellers, der Preis, die Menge, die Bezeichnung, der Wunschlieferant usw. Der Preis der angeforderten Bestellung spielt eine wichtige Rolle, da sich hier die Freigabestrategie entscheidet. In der Freigabestrategie wird festgelegt wer bis zur Höhe welchen Betrages eine Freigabe veranlassen kann, denn evtl. besitzt der Besteller selbst die erforderliche Freigabeebene. Die Freigabestrategie betreffend wäre ebenfalls ein Kontrollsystem um Missbrauch zu vermeiden in Betracht zu ziehen, dass es Mitarbeitern nicht ermöglicht Bestellungen aufzuteilen, um mit der eigenen Freigabeebene unzulässige Bedarfe zu genehmigen. Dies könnte datumsabhängig geschehen. In den KANN-Feldern kann der Mitarbeiter zusätzliche Angaben machen, wie beispielsweise Begründung des Bedarfs, Wunschliefertermin oder allgemeine Kommentare. Nachdem der Bestellende seinen Antrag speichert und somit ins System einpflegt, wird der Workflowprozess gestartet und die Worklist mit den Workitems generiert. Die Worklist enthält alle Einzelschritte mit Bearbeitern eines Workflows. Ein Workitem besteht aus der Information welche Tätigkeit eine bestimmte Person ausführen muss und welche Daten oder

Anwendungssysteme dafür benötigt werden. Der Genehmigende erhält über eine Kommunikationsplattform (z.B. Microsoft Exchange, Lotus Notes), die im Workflow System integriert ist eine Nachricht, dass ein Workitem für ihn vorliegt. In dieser Nachricht kann eine Verknüpfung beispielsweise in Form einer URL zum Workflow System enthalten sein. Die genehmigende Person sieht nach Abruf der Daten einer Bestellanforderung alle Daten, die der Bestellende eingetragen hat. Nach dem die Bestellung geprüft wurde kann diese über die Schaltflächen „Genehmigen", „Nicht Genehmigen" oder „Rückfrage" in einen neuen Zustand versetzt werden. Wird die Bestellanforderung nicht genehmigt, so kann eine Begründung dafür angegeben werden. Der Antragsteller bekommt das negative Ergebnis übermittelt und kann nun den Antrag löschen oder ändern und erneut eine Genehmigung anfordern. Sollte es zu einer Rückfrage kommen, so erhält der Besteller ebenfalls eine Mitteilung und kann zu klärende Punkte ergänzen. Wird der Antrag genehmigt, so wird der Einkauf über die Bestellung informiert. Dabei wäre es optimal, wenn eine Warengruppe auf der Bestellanforderung vermerkt wäre, da hiermit eine direkte Zuordnung zu einem Einkäufer ermittelt werden kann. Nachdem der Einkauf, im günstigeren Falle der entsprechende Einkäufer benachrichtigt wurde, führt dieser die Bestellung aus. Damit endet aber der Workflow noch nicht.

Nun zeigt sich die Verzweigungsmöglichkeit eines Workflows, indem das Rechnungswesen, im optimalen Falle der zuständige Sachbearbeiter, die Bestellung zur Rechnungsprüfung, welche zu einem späteren Zeitpunkt folgen wird, erhält. Gleichzeitig erhält die Logistik, in diesem Fall der Wareneingang ebenfalls eine Kopie der Bestellung, um diese mit dem Lieferschein abzugleichen, wenn die Ware eintrifft. Verbunden sind die Dokumente Bestellanforderung, Bestellung, Rechnung und Lieferschein über eine Nummer, die generiert wird sobald ein Mitarbeiter eine Bestellanforderung ins System stellt. Trifft nun die Ware im Wareneingang ein, kann der dortige Mitarbeiter im besten Fall durch einscannen eines Lieferscheinbarcodes, der alle Informationen des Lieferscheins enthält, den Wareneingang kontrollieren. Mit Bestätigung des Wareneingangs erhält das Rechnungswesen die Freigabe für die Bezahlung, sobald die Rechnung und mit der Bestellung abgeglichen wurde. Sollte die Rechnung schon vor dem „OK" des Wareneingangs vorliegen, so kann diese mit der Bestellung verglichen werden und auf den

Status „Payment on hold" gesetzt werden. Jeder Benutzer hat die Möglichkeit bei der Bearbeitung seines Workitems Anlagen hinzuzufügen oder bestehende Anlagen einzusehen. Als Anlage kann jedes Dokument der Office Softwareumgebung genutzt werden. Denkbar sind auch gescannte Dokumente anzuhängen um dem Anspruch einen Workflow ohne Medienbrüche gerecht zu werden. Sollte der Bestellantrag während des Durchlaufs geändert werden muss die Freigabestrategie erneut überprüft werden. Da Mitarbeiter nicht anwesend sein können, sei es durch Krankheit, Urlaub oder Dienstreisen, so kann ein Vertreter für jeden Benutzer angelegt werden, der alle Aufgaben übernehmen kann, um den Workflow am Laufen zu halten. [vgl. Müller/Stolp, 1999, S.199-214]

Eine Software mit der ein solches Szenario umgesetzt werden könnte, wird in Kapitel 5.2 der vorliegenden Arbeit beschrieben.

5.1.3 Kritische Erfolgsfaktoren

Zu den kritischen Erfolgsfaktoren bei dem Prozess Bestellanforderung muss man mit Sicherheit zunächst das Genehmigungsverfahren nennen. Sollte noch kein solches Verfahren in einer Organisation bestehen darf der Aufwand für die Einführung nicht unterschätzt werden, da die bisherigen abteilungsbezogenen Gepflogenheiten erst durchbrochen werden müssen. Als weiterer Faktor gilt die Berücksichtigung der Fachabteilungsgrenzen. Hier lässt sich oft ein Inseldenken feststellen, dass seine Ausprägung in uneinheitlicher Begriffsdefinition und Misstrauen findet. Ein Lösungsansatz hierfür wären Workshops über Abteilungsgrenzen hinaus. Wenn der Bestellanforderungsprozess effizient umgesetzt werden soll, so muss eine breite Endanwendereinbindung durch Schulungen und Informationsveranstaltungen erfolgen. Um überhaupt eine Umsetzung in einen Workflow zu ermöglichen gilt es den Stammdaten und deren Qualität als Datenbasis Aufmerksamkeit zu schenken. Um schließlich den Prozess bis zur Rechnungsprüfung und Bezahlung voll durchzuziehen muss ein Kontierungskonzept vorliegen. Bestehende Konzepte können bei der Einführung eines Workflow Systems hinterfragt werden und ggf. überarbeitet werden. [vgl. Brahm/Pargmann, 2003, S.152]

11

5.2   Staffware 97 und Staffware Global

Staffware als Hersteller von Staffware 97 und Staffware Global hatte von Beginn an die Intention ein Workflow Management System zu entwickeln, das als eigenständige Middleware in einer heterogenen Anwendungssystemumgebung automatisch Geschäftsprozesse regelt und steuert. Staffware 97 ist dabei die eigentliche Anwendung und Staffware Golbal ein Java-basierender Webclient, der Staffware 97 auch via Internet/Intranet verfügbar macht. Mit über 300K Installationen weltweit und als Mitbegründer der Workflow Management Coalition nimmt Staffware einen führenden Platz unter den Entwicklern von Workflow Management System ein. [vgl. Müller/Stolp, 1999, S.41]

5.2.1   Positionierung

Die Kernkompetenz hat Staffware als orginäres Workflow Management System in der Integration von Anwendungssystemen, die zur Ausführung eines Geschäftsprozesses benötigt werden. Belegt wird dies auch durch die verschiedenen Schnittstellen für unterschiedliche Programme und Branchen. Darüber hinaus ist Staffware auch in der Lage Prozesse zu modellieren, auszuführen und zu kontrollieren. Die Kontrolle wird hierbei durch ein Workflow-Monitoring unterstützt. Die oben genannten Eigenschaften machen Staffware zu einer Software, die oberhalb bestehender Anwendungen, wie SAP oder Office Produkten, zu sehen ist und dabei als Schnittstelle zum Benutzer agiert. [vgl. Müller/Stolp, 1999, S.42]

5.2.2   Architektur

Grundsätzlich handelt es sich bei Staffware um eine Client/Server Architektur. Dabei hat der Server die Aufgabe den Workflow Engine zu betreiben und der Client stellt die Benutzeroberfläche für Workflow Teilnehmer, Workflow Modellierung und Administration zur Verfügung. Staffware Global ermöglicht den Einsatz von Java-fähigen Browsern als Clients. Als Betriebssystem der Server kann ein Unix Dervivat oder Windows NT dienen. Ein Multiserverbetrieb mit verschiedenen Betriebssystemen und Hardwareplattformen stellt kein Problem dar. Die Verwaltung von Workflow Kontrolldaten

12

erfolgt entweder in Staffware eigenen ASCII Dateien oder durch Datenbankeinträge. Staffware kann auch als Multi-Node System betrieben werden. Bei dieser Architektur hat man einen koordinierenden Masterserver, der den Slave-Knoten Arbeit zuweist. Vorteil bei dieser Implementierung ist die Verteilung der Workflowausführung auf verschiedene Standorte und somit eine optimierte Auslastung der vorhandenen Ressourcen innerhalb eines verteilten Systems. Ziel ist dabei einen Offlinebetrieb zu ermöglichen, der Außendienstmitarbeitern ermöglicht ihre Workitems offline abzuarbeiten und anschließend in einem automatischen Update dem Masterserver die Änderungen mitzuteilen. Dieser Datenaustausch ist auch zwischen zwei Offline Clients möglich, ohne dass eine Verbindung zum Hauptsystem besteht. Für den Netzwerkbetrieb werden Work Queue Server verwendet, welche die Verwaltung und Bearbeitung von Worklists übernehmen. Gerät ein Work Queue Server an die Kapazitätsgrenze so kann ein weiterer Work Queue Server gestartet werden. Als Nebeneffekt ergibt sich eine bessere Auslastung von vorhandenen Multiprozessorsystemen. [vgl. Müller/Stolp, 1999, S.43/44]

5.2.3 Schnittstellen

Staffware bietet zahlreiche Schnittstellen, die konform mit der Schnitttstellendefinition der Workflow Management Coalition sind (siehe Kapitel 2, Abbildung 1). Im Folgenden bezieht sich der Text auf die Interfaces, die Abbildungen 1 im Kapitel 2 zeigt und dort auch beschrieben werden. Interface 1 (Process Definition Tools) wird durch die Anbindungsmöglichkeit der Simulations- und Geschäftsprozessmodellierungstools Corporate Modeler, Structware und ARIS genutzt. Die Schnittstelle zu ARIS ermöglicht es bereits modellierte Prozesse in Staffware-Modelle überzuführen. Man muss zwar davon ausgehen, dass in den meisten Fällen keine fertigen Workflow Modelle entstehen, aber dennoch hat man dadurch eine Basis mit der sich Zeit sparen lässt und Modellierungsfehler verhindert werden können. Die Simulationstools Corporate Modeler und Structware ermöglichen bereits im Vorfeld eine Aussage über die Ressourcenauslastung eines Prozesses. Um vorhandene Groupware Anwendungen, wie Microsoft Exchange oder Lotus Notes nutzen zu können, wurde das Interface 2 (Workflow Client Application) implementiert. Das ermöglicht die Nutzung der vorhandenen Kommunikationsinfrastruktur eines Unternehmens, um Workflow Teilnehmer über Work Items zu informieren. Mit der

Umsetzung des Interface 3 (Invoked Application) kann Staffware auf vorhandene Archiv- und Dokumentenmanagementsysteme, wie CE Archiv, SER, Filenet, Documentum, PC-Docs und Hyperdoc zugreifen. Daneben können auch gängige Datenbanksysteme über den ODBC-kompatiblen Independent Database Layer integriert werden. Für das Interface 4 (Workflow Interoperability) wird noch keine Lösung angeboten. Was das Monitoring von Workflows angeht bietet Staffware mit der Realisierung des Interface 5 (Administration & Monitoring Tools) mit Audit Trails sowohl ein eigenes Tool an, als auch durch die Offenlegung der Tabellenstruktur die Möglichkeit eigene Abfragen zu generieren. [vgl. Müller/Stolp, 1999, S.44-46]

5.2.4 Funktionskomponenten

Zu den Funktionskomponenten zählen die Modellierung von Workflows, Abstimmung der Workflow Teilnehmer, Koordination beteiligter Systeme, Monitoring und Administration.

Funktionskomponente	Beschreibung
Modellierung von Workflows	Graphical Workflow Designer ermöglicht grafische Darstellung mit Knoten und Kanten.
Abstimmung der Workflow Teilnehmer	Teilnehmern wird Worklist mit Workitems zur Verfügung gestellt.
Koordination beteiligter Systeme	Anwendungssysteme, die für die Durchführung nötig sind, werden zur Verfügung gestellt
Monitoring	Über Audit Trails kann Status und die Historie von Workflows beobachtet werden. Eine grafische Darstellung zur Analyse von Flaschenhälsen ist möglich.
Administration	Konfiguration Server, Client, Benutzerverwaltung, Tabellenpflege, Backup-Handling, Error-Handling

Tabelle 1: Funktionskomponeten

[vgl. Müller/Stolp, 1999, S.46-56]

6.   Zusammenfassung und Schlussbetrachtung

Es wurde versucht in dieser Arbeit den Weg vom Allgemeinen zum Speziellen zu gehen. Über den Versuch den Begriff abzugrenzen und die Motivation, Einsatzbereiche und Ziele von Workflow Management sollte dem Leser ein der Zugang zu der Thematik erleichtert werden. In Kapitel 4 wurde die Ableitung und Umsetzung eines alltäglicher Geschäftsprozess als Workflow pragmatisch vorgeführt ohne den Leser vom Wesentlichen abzulenken. Im Hauptteil, der durch das Praxiskapitel repräsentiert wird, wurde an einem ausführlichen Beispiel die Vorteile und Chancen des Workflow Konzepts im administrativen Bereich dargelegt. Schließlich sollte die Beschreibung eines als Standardsoftware geltenden Produkts im Workflow Bereich dem interessierten Leser einen ersten Einblick in den Aufbau und die Funktionsweise eines Workflow Management Systems geben.

Nachdem in den vorangegangenen Kapiteln stets auf die Chancen und Vorteile des worklfow-orientierten administrativen Ablaufs eines Unternehmens eingegangen wurde, soll im Folgenden auch die Folgen für den Mensch in diesem sich wandelnden Umfeld kritisch betrachtet werden. Durch die erhöhte Transparenz der Abläufe, die ständige Optimierung der Prozesse und Überwachung der Ressourcen wird der Mensch zunehmend unter höheren Druck gestellt. Man wird sich den geänderten Arbeitsabläufen anpassen müssen und bereit sein müssen mehr Verantwortung zu übernehmen. Es wird einen spürbaren Produktivitätszuwachs im administrativen Teil von Unternehmen geben, welche Hochlohnländer nach der Optimierung des fertigenden Bereichs unbedingt benötigen. Es wird möglich sein Arbeit sehr viel weiter zu verteilen als dies bisher mit den Ansätzen von Teleworking und Desksharing möglich ist. Bestimmte Unternehmensteile werden nur mehr virtuell bestehen, Teams werden lediglich über die Vernetzung von Prozessen im Workflow Management System existieren und Kollegen werden sich nur „online" kennen. Inwieweit sich diese Veränderungen im positven oder negativen Sinne auf eine Gesellschaft auswirken bleibt abzuwarten, kann aber nicht verhindert werden.

Literaturverzeichnis

[Brahm/Pargmann, 2003]

Brahm M., Pargmann H.: *Workflow Management mit SAP Webflow,* Springer, Berlin, Heidelberg, 2003.

[Heilmann, 1994]

Heimann H..: *Workflow Management: Integration von Organisation und Informationsverarbeitung,* In: HMD: Praxis der Wirtschaftsinformatik, Heft 176, Hüthig, Heidelberg, 1994.

[Jablonski, 1995]

Jablonski S.: *Workflow-Management-Systeme: Motivation, Modellierung, Architektur,* In: Informatik Spektrum, Bonn 1995.

[Jablonski et alter, 1997]

Jablonski S., Böhm M., Schulze W.: *Workflow-Management Entwicklung von Anwendungen und Systemen – Facetten einer neuen Technologie,* dpunkt, Heidelberg 1997.

[Lehmann, 1999]

Lehmann F.: *Fachlicher Entwurf vonWorkflow-Management-Anwendungen,* Teubner, Stuttgart, Leipzig, 1999.

[Müller/Stolp, 1999]

Müller B., Stolp P.: *Workflow-Management in der industriellen Praxis – Vom Buzzword zum High-Tech-Instrument,* Springer, Berlin Heidelberg 1999.

[Workflow Management Coalition, http://www.wfmc.org/standards/model2.htm, Zugriff am 30.12.2005]

Workflow Management Coalition: *Workflow Reference Model,* Issue 1.1, Workflow Management Coalition, Zugriff 30.12.2005.

[Workflow Management Coalition, 1999]

Workflow Management Coalition: *Terminology & Glossary,* Issue 3.0, Workflow Management Coalition, Winchester, 1999.